D1829890

Yvonne Fauser · Verlockende Kartoffelgerichte

Yvonne Fauser

Verlockende Kartoffelgerichte

AT Verlag Aarau · Stuttgart

© 1984
AT Verlag Aarau/Schweiz
Umschlag: AT-Grafik
Fotos: Atelier König, Zürich
Gesamtherstellung: Grafische Betriebe
Aargauer Tagblatt AG, Aarau

Printed in Switzerland

ISBN 3-85502-204-6

Inhalt

Die Rezepte in diesem Buch sind für
4 Personen berechnet.

Zu den Massangaben:
1 Esslöffel bzw. Teelöffel = 1 gestrichener Löffel

Kulturgeschichte der Kartoffel

Vergöttert und verdammt – der Kartoffel ging es, kaum dass sie aus dem Dunkel ihres Daseins ans Licht der Weltöffentlichkeit gezerrt wurde, wie allen Grossen dieser Erde. Von der seltsamen Wunderknolle, welche spanische Eroberer aus den Hochtälern der südamerikanischen Anden heimbrachten, bis zum Massenkonsumartikel der modernen Gesellschaft war es in jeder Beziehung ein weiter Weg.

Dichter besangen sie:

«Schön rundlich die Kartoffeln sind,
und weiss wie Alabaster,
sie daun sich lieblich und geschwind,
und sind für Mann und Frau und Kind
ein rechtes Magenpflaster»

(Matthias Claudius)

Maler verewigten sie: Wer kennt nicht van Goghs pralles Portrait von den «Kartoffelessern». Die Medizin verbot sie: 1619 wurde der Genuss des Nachtschattengewächses im Burgund offiziell untersagt, weil die Knolle den Keim des Aussatzes in sich trage. Andere Ärzte hingegen verschrieben sie: als Heilmittel gegen Durchfall und Schwindsucht, gar als billiges Aphrodisiakum. Eine misstrauische Bevölkerung boykottierte sie: Was der Bauer nicht kennt ...

Bezeichnenderweise waren es Kriegsherren, die der Kartoffel schliesslich zum Endsieg in Europa verhalfen. Da war auf der einen Seite Friedrich der Grosse, welcher nach der Hungersnot von 1740 in Preussen zwangsweise den Kartoffelanbau einführte, und zwar mit List und Tücke: Er liess die rings um Berlin angelegten Kartoffeläcker von Grenadieren scharf bewachen; allerdings nur zum Schein. Die neugierig gewordenen Bauern schlichen nachts heimlich auf die Felder, klauten die Kartoffeln körbeweise und probierten das Geheimnis im heimischen Gärtlein aus. Weil verbotene Früchte bekanntlich am besten schmecken, wurde das Ziel erreicht. Auf der andern Seite war es der französische Armeeapotheker Antoine Augustin Parmentier, der in deutscher Kriegsgefangenschaft den grossen Nährwert der Kartoffel erkannte und, zurück in Frankreich, sogar hoffähig machte.

Doch gehen wir chronologisch vor: Bevor die so bescheiden aussehende Bodenfrucht zum «Manna des Volkes» ernannt werden konnte, musste sie erst entdeckt werden. Und da kommt man um Kolumbus einmal mehr nicht herum: Zwar kann die Kartoffel nicht mit dem berühmten «Ei des Kolumbus» in engere Beziehung gebracht werden, aber immerhin waren es die dem Entdecker Amerikas nachfolgenden Konquistadoren, welche den Indianern in Peru nicht nur glänzende Goldklumpen, sondern auch die braunen Knollen wegnahmen. Letztere, so unscheinbar sie wirken, wenn sie nicht nach allen Regeln der Kochkunst zubereitetet sind, wären heute mit Gold kaum mehr aufzuwiegen: Immerhin wurde dank den Kartoffeln in Europa manche Hungersnot vermieden. Welche Wertschätzung der exotischen Pflanze damals beigemessen wurde, bezeugt die Überlieferung, dass der spanische König Philipp II. dem Papst in Rom im 16. Jahrhundert Kartoffelpflanzen aus Peru als Geschenk überreichte. Des Königs sonst so wenig edlen Leute – darüber ist man sich heute einig – waren die ersten Kartoffel-Importeure, und nicht etwa die Seefahrer Ihrer britischen Majestät, Sir Walter Raleigh und Sir Francis Drake, welchen zu Unrecht sogar Denkmäler dankbarer Kartoffelesser errichtet wurden.

Ein erstes schriftliches Zeugnis der Kartoffel findet sich im Jahr 1596 im berühmten Werk «Phytopinax» des Basler Botanik- und Anatomie-Professors Caspar Bauhin. In seinem botanischen Garten zog er Kartoffelpflanzen auf und gab ihnen auch den heute noch gültigen lateinischen Namen «Solanum tuberosum». Er begründete die Taufe so: «Wir nennen diese Pflanze Solanum, weil ihre Blätter und Früchte denen der Tomaten gleichen, weil ihre Blüten denen der Auberginen ähnlich sind, weil ihre Samen mit denen der Nachtschattengewächse übereinstimmen.»

Der Gelehrte Bauhin ist es auch, auf welchen das erste Kartoffelrezept zurückgeht. In einem seiner späteren Werke – aus dem Jahr 1620 – finden wir zuerst das Originalrezept der eigentlichen «Entdecker» der Kartoffel: Die Indianer verwenden die Kartoffeln anstelle des Brotes. Sie lassen die ausgegrabenen Knollen – «Chuño» genannt – an der Sonne trocknen. Schon etwas raffinierter war laut Bauhin die Kartoffel-Küche in seiner Heimat: «Hierzulande dreht man sie in der Asche, schält sie und isst sie mit Pfeffer. Man kann sie auch in gewaschenem und gebratenem Zustand zerstükkeln und mit einer Pfefferbrühe übergiessen.»

Nichts gegen eine gut gebratene Kartoffel, die wie ein Phönix aus der Asche steigt! Gottseidank hat die Kochkunst, zumindest was die Kartoffel betrifft, seit jenen Pionierzeiten aber gewaltige Fortschritte gemacht und vor allem an Vielfalt gewonnen. Womit wir zum eigentlichen Thema dieses Buches kommen.

Kleine Ernährungskunde

Kartoffeln sind ernährungsphysiologisch äusserst wertvoll. Der Hauptwert als Nahrungsmittel liegt in ihrer natürlichen Zusammensetzung und in ihrem Gehalt an Aufbaustoffen. Kartoffeln enthalten 14–18% Kohlenhydrate, vor allem Stärke, sowie Vitamine und Mineralsalze. Besonders wertvoll ist das Eiweiss der Kartoffel. Im Eiweiss der Kartoffel sind wichtige essentielle Aminosäuren enthalten, Bausteine also, die für den menschlichen Organismus lebensnotwendig sind.

Der starke Alkaligehalt sowie ihr hochwertiges Eiweiss machen sie für eine Entschlackungskur besonders geeignet.

Kartoffeln sind Vitaminlieferanten: Eine Mahlzeit mit 200 Gramm Kartoffeln deckt rund 50% des täglichen Vitamin-C-Bedarfs. In der Kartoffel sind auch verschiedene Mineralsalze in beachtlichen Mengen enthalten, so Kalzium und Phosphor für den Aufbau des Knochengerüstes, Kalium zur Stärkung der Muskeln und Eisen für die Blutbildung.

Was aber die Kartoffeln so wertvoll macht, ist nicht nur ihr Gehalt an verschiedenen Nähr- und Wirkstoffen, sondern das ideale Verhältnis ihrer Zusammensetzung. Sie sind eine wertvolle Ergänzung zu Gemüse, Fleisch und Fisch. Dazu kommt, dass Kartoffeln nur wenig Kalorien oder Joule enthalten: 100 Gramm entsprechen 82 Kalorien oder 343 Joule, 100 Gramm Weissbrot dagegen 259 Kalorien oder 1085 Joule. Deshalb machen Kartoffeln, ohne viel Fett zubereitet, nicht dick. Sie werden auch bei Schlankheitsdiäten mit Erfolg eingesetzt.

Marktangebote

Der Konsument kann aus einer Mehrzahl von Sorten wählen: feste, ziemlich feste und mehlige Kartoffeln, frühere oder spätere Sorten.
Weltweit werden heute rund 200 verschiedene Sorten angebaut. Während des ganzen Jahres wird dem Konsumenten ein reiches Sortiment von Kartoffeln in guter Qualität angeboten.
Mehrheitlich werden sie gebürstet oder gewaschen verkauft. Aufgrund ihrer Grösse unterscheiden wir zwischen den kleinen Brat- und Raclette-Kartoffeln, den normalsortierten Kartoffeln und den grossen Baked potatoes.
Dank ihrem günstigen Preis gehören die Kartoffeln zu unseren Grundnahrungsmitteln.

Vom vielfältigen Angebot werden hier die vier folgenden Sorten näher vorgestellt:

Bintje, links oben; Urgenta, links unten;
Palma, unten Mitte; Stella, unten rechts.

Bintje

gehört zu den mittelfrühen Lagersorten. In geeigneten Kellern lässt sie sich gut lagern. Die Knollen sind oval bis langoval, Schale und Fleisch hellgelb, die Augen liegen flach. Bintje ist eine beliebte Speisekartoffel und eignet sich für alle Zubereitungsarten. Sie ist ab Vorwinter bis im Juli auf dem Markt.

Urgenta

ist ebenfalls eine mittelfrühe Sorte. Sie kann etwas weniger lang gelagert werden als Bintje, weil sie früher auskeimt. Die Knollen sind oval bis langoval, die Schale ist rot, das Fleisch hellgelb, die Augen liegen mitteltief. Die rotschalige Urgenta ist eine feine Speisekartoffel und eignet sich für alle Zubereitungsarten. Sie ist zudem die bevorzugte Röstikartoffel. Urgenta ist vom September bis im Frühling auf dem Markt.

Palma

ist eine mittelfrühe Sorte. Die Knollen sind kurz- bis langoval, die Schale und das Fleisch sind gelb, die Augen liegen flach bis mitteltief. Palma ist etwas weniger mehlig als Bintje und eignet sich für alle Zubereitungsarten. Sie ist zur Ergänzung des Angebotes im Herbst und Vorwinter auf dem Markt.

Stella

ist eine mittelfrühe Spezialsorte. Die Knollen sind lang und hörnchenförmig, die Schale ist gelb, das Fleisch gelb bis hellgelb, die Augen liegen ziemlich flach. Stella eignet sich als festkochende Sorte besonders für Schalenkartoffeln, Kartoffelsalat und Salzkartoffeln. Sie ist im Frühherbst und Winter auf dem Markt.

PS: Diese vier Sorten sind in Deutschland und Österreich unter anderer Namensbezeichnung ebenfalls erhältlich.

Schalenkartoffeln

In der Schale gedämpfte Kartoffeln sind besonders wertvoll; es gehen am wenigsten Nährstoffe verloren. Der Abfall beim Schälen beschränkt sich auf das Minimum. Schalenkartoffeln sind kalorienarm und überdies leicht verdaulich.

Zutaten:

600–800	g	kleinere, feste Kartoffeln
	wenig	Wasser
1	Teelöffel	Salz

Zubereitung:

Die Kartoffeln gründlich unter fliessendem Wasser abbürsten. Den Boden einer gut verschliessbaren Pfanne ca. 1 cm hoch mit Wasser bedecken oder im Dampfkochtopf bis Siebhöhe einfüllen und zum Kochen bringen. Salz zugeben. Wenn möglich gleich grosse Kartoffeln in die Pfanne einschichten.

Dämpfzeit: 20–30 Minuten in der Pfanne, 4–6 Minuten im Dampfkochtopf.

Wenn die Kartoffeln gar sind, das Wasser abgiessen. Die Pfanne nochmals kurz auf den Herd stellen. Die Kartoffeln abgedeckt verdampfen lassen, bis sie ganz trocken sind. Je nach Lust und Laune kann dem Salzwasser 1 Teelöffel Kümmel beigefügt werden. Er verleiht den Schalenkartoffeln einen aussergewöhnlichen und pikanten Geschmack.

Die Schalenkartoffeln können auf viele verschiedene Arten verarbeitet werden. Oft servieren wir dazu Salate, je nach Saison, verschiedene Käsesorten und Saucen.

Ein Vorschlag für ganz besondere Gelegenheiten:

Geräucherten Lachs mit frischem Meerrettichschaum und – anstelle der üblichen gerösteten Toastbrotscheiben – einmal neue, kleine Schalenkartoffeln!

Meerrettichschaum

Zutaten:

50	g	Rahmquark
		Weisser Pfeffer aus der Mühle
		Salz nach Bedarf
2–3	Prisen	Zucker
1	Teelöffel	Zitronensaft
1	Stück	Meerrettich (= ca. 30 g)
1	kleiner	Apfel
1–2	dl	Vollrahm

Vorbereiten:

- Meerrettich und Apfel waschen, dünn schälen. Mit feuchtem Haushaltpapier zudecken und beiseite stellen.
- Vollrahm steifschlagen und eventuell kaltstellen

Zubereitung (kurz vor dem Servieren):

Den Rahmquark zusammen mit den Gewürzen und dem Zitronensaft glattrühren. Meerrettich und Apfel dazureiben und sofort daruntermischen. Den steifgeschlagenen Rahm locker unter die Masse ziehen.

Käse-Speck-Kartoffeln

Zutaten:

8–12	mittelgrosse	Kartoffeln
	wenig	Wasser
1	Teelöffel	Salz
1	Teelöffel	Kümmel
250–350	g	Schmelzkäse, z. B. Walliser Bergkäse
8–12	Tranchen	Speck, mager und sehr fein geschnitten
1–2	Esslöffel	Öl
		schwarzer Pfeffer aus der Mühle
		Paprika

Vorbereiten:

- Schalenkartoffeln zubereiten.
- Den Käse in 8–12 Scheiben schneiden, die Grösse soll den Kartoffeln entsprechen.
- Eventuell Holzkohlegrill einrichten.

Zubereitung:

Die noch heissen Kartoffeln schälen, etwas abkühlen lassen, der Länge nach halbieren. Zwischen je zwei Kartoffelhälften eine Käsescheibe legen.
Jede Kartoffel mit einer Specktranche umwickeln.
In der Bratpfanne das Öl knapp erhitzen. Die Käse-Speck-Kartoffeln zugeben. Zugedeckt mit kleiner Hitze braten, bis der Käse geschmolzen ist.
Mit wenig Pfeffer und Paprika bestreuen. Sofort servieren!

Tip: Im Sommer können die Käse-Speck-Kartoffeln auf dem Grill über der Holzkohleglut gebraten werden.

Kartoffelsalat

Kartoffelsalat schmeckt viel besser, wenn er aus frischen, noch warmen Schalenkartoffeln zubereitet wird. Dem Kartoffelsalat tut es gut, wenn er vor dem Anrichten möglichst zugedeckt eine Zeitlang ruht, damit sich die Fleischbrühe und die Sauce gründlich mit den übrigen Zutaten verbinden.

Zutaten:

800	g	kleine, feste Kartoffeln
	wenig	Wasser
1	Teelöffel	Salz
1		grosse Zwiebel oder
2		Schalotten
100	g	Speck, mager
1	dl	Fleischbrühe, heiss

Sauce:

2	Teelöffel	Senf
	wenig	Salz
		weisser Pfeffer aus der Mühle
6	Esslöffel	Essig
3	Esslöffel	Rahm

Vorbereiten:

- Schalenkartoffeln zubereiten.
- Zwiebeln oder Schalotten schälen und feinhacken.
- Mageren Speck in kleinste Würfel schneiden. In der Bratpfanne mit guter Mittelhitze glasigbraten, herausnehmen und beiseite stellen.

Zubereitung:

Die noch heissen Kartoffeln schälen, etwas abkühlen lassen, dann in 2–3 mm breite Scheiben schneiden. Lagenweise mit der Zwiebel oder den Schalotten und den Speckwürfelchen in eine Schüssel geben. 1 dl Wasser zum Kochen bringen, wenig Fleischextrakt zugeben und auflösen. Die heisse Fleischbrühe über die Kartoffelscheiben giessen; zugedeckt mindestens ½ Stunde ziehen lassen.
Die Zutaten für die Sauce gut verrühren, zugeben, vorsichtig mischen, indem man die Kartoffeln 2–3mal in eine zweite Schüssel überleert.
Anstelle von Zwiebeln kann auch feingeschnittener Schnittlauch oder feingehackte Gewürzgurke beigefügt werden.
Garnieren mit Petersilie, grünem Salat, Radieschen, Tomaten oder hartgekochten Eiern.
Kartoffelsalat ohne Speckwürfelchen passt gut zu heissen Würstchen, gekochtem Schinken, Hackbeefsteaks (Frikadellen) oder gebratenem Fisch.

Anmerkung: Wenn immer möglich, wähle man *Schalotten* anstelle von Zwiebeln.
Schalotten sind die beste Zwiebelsorte für besonders feine Gerichte. Ihr Aroma ist milder, aber würziger als das anderer Sorten. Sie sind im allgemeinen gut walnussgross und kommen hauptsächlich im Spätsommer und Herbst auf den Markt.

Gefüllte Kartoffelschiffchen mit Tomaten

Zutaten:

6	mittelgrosse	feste Kartoffeln
	wenig	Wasser
1	Teelöffel	Salz
4	kleinere	Tomaten

Füllung:

1–2	Esslöffel	Öl
300–400	g	gehacktes Rindfleisch, mager
1	Esslöffel	Mehl
1	kleine	Zwiebel oder Schalotte
1	kleine	Knoblauchzehe
		Liebstöckel oder Petersilie
		Salz nach Bedarf
		schwarzer Pfeffer aus der Mühle
	wenig	edelsüsses Paprika
1–2	dl	Fleischbrühe, heiss

Sauce:

		Jus von 4 kleineren Tomaten
3	Esslöffel	Weisswein
1½	dl	Rahm
		Salz nach Bedarf
	wenig	Cayenne-Pfeffer

Für die Form:
Butter oder Margarine

Vorbereiten:

- Schalenkartoffeln zubereiten, heiss schälen und etwas abkühlen lassen. Kleine Deckel wegschneiden und die Kartoffeln mit einem möglichst scharfkantigen Löffel aushöhlen. Die Kartoffelresten beiseite stellen.
- Die Tomaten waschen, abtrocknen und Stilansätze entfernen. Ebenfalls kleine Deckel wegschneiden und die Tomaten aushöhlen. Das Tomatenmark durch ein feines Sieb streichen und für die Sauce bereithalten.
- Zwiebel oder Schalotte und Knoblauchzehe schälen und zusammen mit den Kräutern feinhacken.
- Den Boden der Gratinform einfetten.

Zubereitung:

In der Bratpfanne das Öl heiss machen. Das gehackte Fleisch mit Mehl bestäuben, andrücken, zugeben, bei sehr grosser Hitze rasch und kurz anbraten. Zwiebel oder Schalotte, Kräuter, Salz und Gewürze zugeben und auf mittlerer Hitze andämpfen. Mit heisser Fleischbrühe ablöschen, kurz aufkochen und 10 Minuten sanft schmoren lassen.
Die Fleischfüllung portionenweise in die ausgehöhlten Kartoffeln und Tomaten füllen, die Deckel darauflegen und diese eventuell mit einem kleinen Stück Butter bereichern.
In die eingefettete feuerfeste Form geben.
Tomatenjus mit Weisswein und Rahm verrühren, nach Bedarf würzen und dazugiessen.

Überbacken: Ofen auf 200 Grad während 15 Minuten vorheizen. Form auf zweitunterste Rille einschieben. Überbacken während ca. 25 Minuten.

Die Kartoffelresten können für eine Suppe verwendet werden. Ein frischer, knackiger Blattsalat, je nach Saison, passt vortrefflich.

Salzkartoffeln

Zu Unrecht werden Salzkartoffeln von vielen verschmäht. Schade, denn ihre weiteren Verwendungsmöglichkeiten sind unglaublich vielfältig. Sie sind, ohne viel Fett zubereitet, kalorienarm und leicht verdaulich.

Zutaten:

400–600	g	kleinere, feste Kartoffeln
	wenig	Wasser
1	Teelöffel	Salz

Zubereitung:

Die Kartoffeln gründlich unter fliessendem Wasser abbürsten. Kurz vor dem Dämpfen möglichst dünn schälen, am besten mit einem Sparschäler. Keime, Kartoffelaugen und verfärbte Stellen herausschneiden. Die gerüsteten Kartoffeln abspülen, ganz lassen oder in grössere Stücke schneiden.
Den Boden einer gut verschliessbaren Pfanne ca. 1 cm hoch mit Wasser bedecken oder im Dampfkochtopf bis Siebhöhe einfüllen und zum Kochen bringen. Salz und Kartoffeln zugeben.

Dämpfzeit: 10–20 Minuten in der Pfanne, 2–4 Minuten im Dampfkochtopf.

Beim Anrichten das Salzwasser abgiessen. Die Pfanne nochmals auf den Herd stellen und die Kartoffeln abgedeckt unter Schütteln verdampfen lassen, bis sie trocken sind. Salzkartoffeln sofort servieren.

Fischkartoffeln

Als Spielerei, zu besonderen Gelegenheiten, aber ganz bestimmt zu Fischgerichten, passen die tournierten Kartoffeln ausgezeichnet.
Kartoffeln tournieren – so wird's gemacht:
Die Kartoffeln mit Sparschäler dünn schälen. Mit scharfem Messer an beiden Kartoffelenden einen Deckel von 1 cm Breite wegschneiden. An der Schmalseite der Kartoffel weiterfahren: Rundherum, von oben nach unten ¾ cm breite Streifen wegschneiden.
Zutaten und übrige Zubereitung sind identisch mit denen der Salzkartoffeln.
Die Kartoffelresten können für Kartoffelpüree oder Kartoffelsuppe weiterverwendet werden.

Kartoffeln nach Genueserart

Warum nicht einmal Kartoffeln, anstelle von Teigwaren, zur reichen, schmackhaften Basilikumsauce aus Ligurien servieren? Nördliche Zurückhaltung trifft hier wundervoll auf südländisches Temperament. Kartoffeln nach Genueserart als Vorspeise gereicht, aber auch als Hauptmahlzeit zu Saltimbocca, schmecken vorzüglich!

Zutaten:

600	g	feste, kleine Kartoffeln
	wenig	Wasser
1	Teelöffel	Salz

Basilikumsauce (Pesto):

2	Bund	frische Basilikumblätter
2	grosse	Knoblauchzehen
2	Esslöffel	Pinienkerne
30	g	Parmesan, frisch und fein gerieben
4	Esslöffel	Olivenöl

Vorbereiten:

- Die Kartoffeln gründlich unter fliessendem Wasser abbürsten.
  Kurz vor dem Dämpfen möglichst dünn schälen. Die gerüsteten Kartoffeln abspülen, ganz lassen oder der Länge nach halbieren. Mit feuchtem Haushaltpapier zudecken und für kurze Zeit beiseite stellen.
- Frische Basilikumblätter, geschälte Knoblauchzehen und Pinienkerne zusammen ganz fein hacken. In einer kleinen Schüssel zugedeckt stehenlassen.

Zubereitung:

Den Boden einer gut verschliessbaren Pfanne ca. 1 cm hoch mit Wasser bedecken oder im Dampfkochtopf bis Siebhöhe einfüllen und zum Kochen bringen. Salz und Kartoffeln zugeben.

Dämpfzeit: 10–20 Minuten in der Pfanne, 2–4 Minuten im Dampfkochtopf.

Inzwischen Parmesankäse und Olivenöl den feingehackten Basilikumblättern, den Knoblauchzehen und den Pinienkernen zugeben, mischen und mit Hilfe eines Löffels gut durcharbeiten. Diese Basilikumsauce über die abgetropften Kartoffeln verteilen oder separat dazu servieren.

Tip: Die Basilikumsauce kann auf einmal in grösseren Mengen zubereitet werden, da sie sich über längere Zeit in gut verschliessbarem Vorratsglas im Kühlschrank aufbewahren lässt.

Kräuter-Rahmkartoffeln

Ein aussergewöhnliches und auserlesenes Kartoffelgericht, das vorzüglich zu Lammfleisch, wie Steaks, Koteletts und Gigot passt.

Zutaten:

600	g	kleine, feste Kartoffeln
	wenig	Wasser
1	Teelöffel	Salz
20	g	Butter
1		Schalotte
1	Bund	frische Pfefferminze
1	Bund	frische Petersilie
		Muskatnuss, frisch gerieben
	eventuell	weisser Pfeffer aus der Mühle
		Salz nach Bedarf
½	Becher	Sauerhalbrahm
½	Becher	Halb- oder Vollrahm
3	Esslöffel	Weisswein
	wenig	Fleischextrakt

Vorbereiten:

- Die Kartoffeln gründlich unter fliessendem Wasser abbürsten.
  Kurz vor dem Dämpfen möglichst dünn schälen. Die gerüsteten Kartoffeln abspülen und der Länge nach vierteln. Mit feuchtem Haushaltpapier zudecken und für kurze Zeit beiseite stellen.
- Die Schalotte schälen, zusammen mit den Pfefferminzblättern und der Petersilie ganz fein hacken. Zugedeckt in einer kleinen Schüssel beiseite stellen.
- Sauerhalbrahm, Rahm, Weisswein und Fleischextrakt gut verrühren.

Zubereitung:

Den Boden einer gut verschliessbaren Pfanne ca. 1 cm hoch mit Wasser bedecken oder im Dampfkochtopf bis Siebhöhe einfüllen und zum Kochen bringen. Salz und Kartoffeln zugeben. Kartoffeln knapp weichdämpfen. Das Salzwasser abgiessen. Die Pfanne nochmals auf den Herd stellen und die Kartoffeln abgedeckt unter Schütteln verdampfen lassen, bis sie trocken sind. Die Salzkartoffeln warmstellen. In der Pfanne die Butter warm werden lassen. Die feingehackte Schalotte, Kräuter, Gewürze, Salz und Kartoffeln beigeben, sorgfältig mischen. Unter öfterem Schütteln zugedeckt andämpfen, bis sich Geschmacksstoffe bilden.
Das Rahm-Wein-Gemisch zugiessen, mischen, langsam erhitzen und sanft weiterkochen lassen, bis die Kartoffeln gar sind.
In eine vorgewärmte Schüssel anrichten, mit Pfefferminzblättchen und wenig Petersilie garnieren.

Grüne Kartoffelsuppe

Zutaten:

1	Esslöffel	Öl oder eingesottene Butter
1	kleine	Zwiebel oder Schalotte
		frischer Majoran oder Liebstöckel
500	g	grosse, mehlige Kartoffeln
250	g	Lauch
1½	l	Wasser, heiss
2	Würfel	Hühner- oder Fleischbrühe
		Muskatnuss, frisch gerieben
		weisser Pfeffer aus der Mühle
		Salz nach Bedarf
1	dl	Rahm
		frische Majoranblätter oder
1	Bund	Schnittlauch
	eventuell	Brotwürfel: in Butter geröstet

Vorbereiten:

- Zwiebel oder Schalotte schälen und zusammen mit den Kräutern feinhacken.
- Die Kartoffeln unter fliessendem Wasser abbürsten, dünn schälen, abspülen, in grosse Stücke schneiden.
- Lauchstengel rüsten, der Länge nach halbieren, gut waschen, in feine Streifen schneiden. Zusammen mit den Kartoffelwürfeln mit feuchtem Haushaltpapier zudecken.
- Schnittlauch waschen, trockenschwenken, fein schneiden.
- 8 Toastbrotscheiben ohne Rinde in kleinste Würfel schneiden.
  In der Bratpfanne 25 g Butter erwärmen, die Brotwürfel zugeben, mit guter Hitze goldbraun rösten. In eine kleine Schale anrichten.

Zubereitung:

Das Öl oder die eingesottene Butter in einer grösseren Pfanne erwärmen. Zwiebel oder Schalotte und Kräuter beifügen, auf mittlerer Hitze glasig dämpfen. Kartoffelwürfel und Lauchstreifen zugeben, mischen. Unter öfterem Schütteln zugedeckt andämpfen, bis sich Geschmacksstoffe entwickeln und die Farben der Kartoffeln und der Lauchstreifen kräftiger geworden sind. Heisses Wasser zugiessen, kurz aufkochen. Mit kleiner Hitze während 25 Minuten weichkochen.
Die Suppe durch ein Sieb passieren oder im Mixer pürieren. Bei schwacher Hitze 5 Minuten ziehen lassen. Mit Hühner- oder Fleischbrühe, Gewürzen und Salz nach Bedarf abschmecken. Mit dem Rahm verfeinern.
Die Kartoffelsuppe in die vorgewärmte Suppenschüssel anrichten. Frische Majoranblätter oder feingeschnittenen Schnittlauch darüberstreuen.
Geröstete Brotwürfelchen separat dazu servieren.

Tip: Die Flüssigkeitsangabe bei den Suppen ist recht unterschiedlich, je nachdem, ob die Suppe als Vorspeise oder als Hauptgericht serviert werden soll. Man kann die Flüssigkeit reduzieren oder mehr Brühe zugeben, bis die Suppe die gewünschte Konsistenz erreicht hat.

Kartoffelpüree

Zutaten
für ein «klassisches» Kartoffelpüree:

750	g	grosse, mehlige Kartoffeln
	wenig	Wasser
1	Teelöffel	Salz
2–3	dl	Milch
30	g	Butter oder
3–6	Esslöffel	Rahm
		Muskatnuss, frisch gerieben
		Salz nach Bedarf

Zubereitung:

Die Kartoffeln gründlich unter fliessendem Wasser abbürsten. Kurz vor dem Dämpfen möglichst dünn schälen. Keime, Kartoffelaugen und verfärbte Stellen herausschneiden. Die gerüsteten Kartoffeln abspülen, in grössere Stücke schneiden.
Den Boden einer gut verschliessbaren Pfanne ca. 1 cm hoch mit Wasser bedecken oder im Dampfkochtopf bis Siebhöhe einfüllen und zum Kochen bringen. Salz und Kartoffeln zugeben.

Dämpfzeit: 15–20 Minuten in der Pfanne, 3–4 Minuten im Dampfkochtopf.
Die Kartoffeln abgiessen. Noch heiss durch die Kartoffelpresse oder Passevite in eine Schüssel passieren.
Die Hälfte der Milch in der Pfanne erhitzen, Kartoffeln, Butter oder Rahm, Muskatnuss und Salz nach Bedarf zugeben. Das Püree auf kleiner Hitze unter Beigabe der übrigen Milch luftig schwingen, abschmecken. Lokker anrichten und sofort heiss servieren.
Zur Abwechslung kann auch feingehackte Petersilie oder feingeschnittener Schnittlauch über das angerichtete Kartoffelpüree gestreut werden.
Kartoffelpüree ist eine delikate Beilage zu Saucenfleisch.

Dillkartoffeln

Zutaten:

500	g	kleine, feste Kartoffeln
	wenig	Wasser
1	Teelöffel	Salz
20	g	Kochbutter
½	Bund	Dill, frisch

Vorbereiten:

– Dill fein schneiden.

Zubereitung:

Kleine Kartoffeln unter fliessendem Wasser abbürsten, dünn schälen, abspülen und in wenig Salzwasser weichdämpfen. Das Wasser abgiessen und in der offenen Pfanne unter sorgfältigem Schütteln auf der noch heissen Herdplatte trocknen, herausnehmen und warmstellen.
Die Butter erwärmen, den feingeschnittenen Dill beifügen und kurz andämpfen. Kartoffeln zugeben und unter leichtem Schwenken nochmals erhitzen.
Dillkartoffeln passen vortrefflich zu Fischgerichten und zarten weissen Spargeln.
Neue, ganz kleine Kartoffeln sehen nicht nur appetitlich aus, sondern schmecken auch wunderbar.

Petersilienkartoffeln

Zutaten und Zubereitung wie bei den Dillkartoffeln. Anstelle von Dill füge man aber in gleicher Menge feingehackte Petersilie zu.

Petersilienkartoffeln können zu gegrilltem Fleisch, Fisch und gedämpften Frühlingsgemüsen serviert werden.

Kartoffelschnee

Kartoffelschnee ist leicht verdaulich und deshalb speziell für Diät und Kleinkinderkost geeignet.

Zutaten:

600–750	g	grosse, mehlige Kartoffeln
	wenig	Wasser
1	Teelöffel	Salz
		Butterflöckchen oder flüssige Butter

Zubereitung:

Frisch gedämpfte Salzkartoffeln noch heiss durch die vorgewärmte Kartoffelpresse in die heisse Platte drücken.
Mit Butterflöckchen belegen oder mit flüssiger Butter übergiessen. Nicht durchmengen, die Kartoffelmasse soll ganz locker flockig bleiben.

Kartoffelgnocchi

Die Kartoffelgnocchi sind eine der beliebtesten südländischen Spezialitäten. Sie werden mit brauner Butter und feingeriebenem Parmesankäse, frischer Tomaten- oder Basilikumsauce als Vorspeise serviert.

Zutaten:

500	g	grosse, mehlige Kartoffeln
	wenig	Wasser
1	Teelöffel	Salz
2		Eigelb
	wenig	Muskatnuss, frisch gerieben
		Salz nach Bedarf
150	g	Mehl

Vorbereiten:

- Die Kartoffeln unter fliessendem Wasser abbürsten, schälen, in grössere Stücke schneiden und in wenig Salzwasser weichdämpfen.
- Eigelb mit Gabel verquirlen.
- Mehl sieben.

Zubereitung:

Die noch heissen Salzkartoffeln durch die Kartoffelpresse oder das Passevite in eine Schüssel passieren. Ganz abkühlen lassen. Eigelb, Muskatnuss und Salz nach Geschmack mit den Kartoffeln vermengen. Die Masse auf einer bemehlten Arbeitsfläche nach und nach mit soviel Mehl verkneten, dass ein weicher Teig entsteht. Aus dem Teig knapp 2 cm dicke Rollen formen. Die Rollen in 2 cm breite Stücke schneiden und von Hand längliche Klösschen daraus formen. Mit der Gabel jedes Klösschen etwas eindrücken. In einer ziemlich weiten Pfanne reichlich Salzwasser zum Kochen bringen. Darin werden die Gnocchi portionenweise auf schwacher Hitze gekocht, bis sie an die Oberfläche steigen. Dann hebt man sie mit einer Drahtkelle heraus, lässt sie gut abtropfen und richtet sie in einer heissen Platte an.

Kartoffelpfannkuchen

(Kartoffelomeletten)

Diese kleinen Kartoffelpfannkuchen sind ein «Hit» zu köstlichen Fleischgerichten. Sie schmecken aber auch ausgezeichnet als fleischloses Hauptgericht.

Zutaten:

500	g	grosse, mehlige Kartoffeln
	wenig	Wasser
1	Teelöffel	Salz
2	Tassen	Milch
3	Esslöffel	Mehl
4		Eier
3	Esslöffel	Sauerhalbrahm oder Rahm
		Salz nach Bedarf
		weisser Pfeffer aus der Mühle
		Muskatnuss, frisch gerieben
3–4	Esslöffel	eingesottene Butter

Zubereitung:

Die Kartoffeln unter fliessendem Wasser abbürsten, schälen, in grössere Stücke schneiden und in wenig Salzwasser weichdämpfen.
Noch heiss durch die Kartoffelpresse oder das Passevite in eine Schüssel passieren.
Die Milch erhitzen, den Kartoffeln zufügen, mischen und erkalten lassen.
Das Mehl dazusieben und sorgfältig unter das Püree rühren. Die Eier gut verquirlen, Sauerhalbrahm oder Rahm zugiessen, verrühren, der Masse zufügen und mischen. Mit Salz, Pfeffer und Muskatnuss würzen. Den Kartoffelteig 30 Minuten ruhen lassen. Der Teig soll dickflüssig sein.
In eingesottener Butter kleine Omeletten ausbacken. Heiss servieren.
Kartoffelpfannkuchen als Hauptgericht serviert:
mit viel Salat, Blattspinat, Brokkoli, frischen grünen Spargeln oder Zucchini als Beilage.
Als Bereicherung können dem Teig folgende Zutaten beigefügt werden: frische, feingehackte Kräuter oder magerer, feingehackter Schinken oder Speck oder geriebener Sbrinz.

Ofenguck

Zutaten:

750	g	grosse, mehlige Kartoffeln
	wenig	Wasser
1	Teelöffel	Salz
2–3	dl	Milch
30	g	Butter oder
3–6	Esslöffel	Rahm
		Muskatnuss, frisch gerieben
		Salz nach Bedarf
100	g	Speck, mager oder
100	g	gekochter, magerer Schinken
75	g	Sbrinz
1	Bund	Petersilie
4		Eier
25	g	Sbrinz
		Butterflöckchen
		Für die Gratinform: Butter oder Margarine

Vorbereiten:

- Speck in kleinste Würfel schneiden oder
- Schinken in kleine Scheibchen schneiden.
- Sbrinz feinreiben.
- Petersilie waschen, trockenschwenken und feinhacken.
- Gratinform einfetten.

Zubereitung:

Die Kartoffeln gründlich unter fliessendem Wasser abbürsten, schälen, abspülen, in grössere Stücke schneiden und in wenig Salzwasser weichdämpfen. Wasser abgiessen, die Kartoffeln etwas verdampfen lassen. Noch heiss durch die Kartoffelpresse oder das Passevite in eine Schüssel passieren.
Die Hälfte der Milch in der Pfanne erhitzen, Kartoffeln, Butter oder Rahm, Muskatnuss und Salz nach Geschmack zufügen. Das Püree auf kleiner Hitze unter Beigabe der übrigen Milch luftig schwingen, abschmecken.
Speckwürfelchen oder Schinkenscheibchen, Sbrinz und Petersilie unter das leicht abgekühlte Kartoffelpüree mischen. Die Masse in die eingefettete Gratinform füllen, glattstreichen und mit einem Löffel 4 flache, weit ausladende Vertiefungen eindrücken. Jede Vertiefung mit einem rohen, aufgeschlagenen Ei auffüllen. Damit beim Überbacken das Eigelb vom Eiweiss nicht überzogen wird, die eventuell allzu grosse Eiweissmenge mit Hilfe der Eischale zum Teil entfernen. Das Gericht mit geriebenem Käse und Butterflöckchen bestreuen und im heissen Ofen überbacken.

Überbacken: Ofen auf 220 Grad während 15 Minuten vorheizen. Form in die Mitte des Ofens einschieben. Überbacken während ca. 20 Minuten.

Ofenguck kann als Schnellgericht mit Kartoffelpüree aus dem Paket oder von Resten zubereitet werden.
Ein frischer, knackiger Blattsalat ergänzt dieses Gericht zu einer vollwertigen Mahlzeit.

Kartoffelflan

(Kartoffelpudding)

Ein auserlesenes, leichtes Kartoffelgericht, das – in kleine Portionenformen gefüllt – auch als Vorspeise gereicht werden kann.

Zutaten:

400	g	grosse, mehlige Kartoffeln
	wenig	Wasser
1	Teelöffel	Salz
2		Eigelb
1		ganzes Ei
		Salz nach Bedarf
		Muskatnuss, frisch gerieben
		weisser Pfeffer aus der Mühle
50–100	g	kalte Butter
1	dl	Sauerhalbrahm oder Rahm
100	g	gekochter, magerer Schinken
1	Bund	Schnittlauch
		Für die Form, Suppen- oder Kaffeetasse: flüssige Butter oder Margarine, Paniermehl (Semmelbrösel)

Vorbereiten:

- Eigelb und ganzes Ei verrühren, sieben, würzen.
- Schinken in feine Scheibchen schneiden.
- Schnittlauch waschen, trockenschwenken, fein schneiden
- Form mit flüssiger Butter oder Margarine bepinseln und mit wenig Paniermehl (Semmelbrösel) bestreuen.

Zubereitung:

Die Kartoffeln unter fliessendem Wasser abbürsten, schälen, abspülen, in grössere Stükke schneiden und in wenig Salzwasser weichdämpfen. Die Kartoffeln sofort nach dem Verdampfen heiss durchpressen oder im Mixer pürieren.
Eier mit den Gewürzen zugeben, mischen. Nach und nach die in Würfel geschnittene Butter darunterrühren, zum Schluss Sauerhalbrahm oder Rahm, Schinkenscheibchen und Schnittlauch zufügen. Es soll eine homogene, breiige Masse entstehen.
Die Masse in die vorbereitete Form zu ¾ füllen. Im Wasserbad (180 Grad Ofentemperatur / zweitunterste Rille) ca. 45 Minuten garen lassen. Beim Anrichten den Pudding mit dem Spachtel sorgfältig vom Formenrand lösen und stürzen.

Variante: Anstelle von Schinkenscheibchen können auch feingeschnittene, glasig gebratene Speckwürfel beigemischt werden.

Kartoffelpizza

Pizza einmal anders zubereitet: mit einer luftigen, lockeren Kartoffelunterlage, die vortrefflich mundet und erst noch leicht verdaulich ist.

Zutaten für eine feuerfeste Porzellanform oder für ein Kuchenblech von 24 cm ∅:

750	g	grosse, mehlige Kartoffeln
	wenig	Wasser
1	Teelöffel	Salz
		Muskatnuss, frisch gerieben
		weisser Pfeffer aus der Mühle
	wenig	Cayenne-Pfeffer
		Salz nach Bedarf
3		Eigelb
3		Eiweiss
125	g	gekochter, magerer Schinken
125	g	Greyerzer Käse
2–3	kleine	Tomaten
	einige	frische Champignons
	einige	grüne oder schwarze Oliven
		Butterflöckchen
		schwarzer Pfeffer aus der Mühle
		frische Basilikumblättchen
		Petersilie
		Für die Form:
		Butter oder Margarine

Vorbereiten:

- Die Kartoffeln unter fliessendem Wasser abbürsten, schälen, abspülen, in grössere Stücke schneiden und in wenig Salzwasser weichdämpfen.
- Eigelb mit Gabel verquirlen.
- Gekochten Schinken in Streifen schneiden.
- Greyerzer Käse feinreiben.
- Die Tomaten waschen, abtrocknen, Stielansätze entfernen, in dünne Scheiben schneiden.
- Champignons mit feuchtem Haushaltpapier abreiben, vierteln oder in feine Scheiben schneiden, zudecken.
- Petersilie waschen, trockenschwenken, feinhacken und beiseite stellen.
- Form oder Blech einfetten.
- Eiweiss mit 2 Prisen Salz zu sehr steifem Schnee schlagen.

Zubereitung:

Die frisch gedämpften Salzkartoffeln noch heiss durch die Kartoffelpresse oder das Passevite in eine Schüssel passieren, würzen, Eigelb zufügen. Eischnee locker darunterziehen und die Masse in die eingefettete Form verteilen. Mit Schinkenstreifen, geriebenem Käse und Tomatenscheiben belegen. Pilze und Oliven zur Garnitur darauf verteilen. Butterflöckchen darübergeben, mit schwarzem Pfeffer würzen.
Im vorgeheizten Ofen (220 Grad während 15 Minuten) auf der zweituntersten Rille etwa 20–25 Minuten backen, bis der Käse schmilzt.
Die heisse Kartoffelpizza mit frischen Basilikumblättchen und feingehackter Petersilie bestreuen. Sofort servieren.
Ein grüner Blattsalat als Beilage passt vorzüglich.

Varianten: Anstelle von Greyerzer Käse kann feingeschnittener Raclette- oder Mozzarella-Käse verwendet werden.
Die Basilikumblättchen können durch getrockneten Origano ersetzt werden.

Roh gebratene Kartoffeln

Zutaten:

600–750	g	kleine, feste Kartoffeln
4–6	Esslöffel	Erdnussöl
		Salz nach Bedarf

Vorbereiten:

- Kartoffeln unter fliessendem Wasser abbürsten, schälen, abspülen, in Würfel, kleine Stengel oder dünne Scheiben schneiden. Auf einem Tuch abtrocknen und zugedeckt für kurze Zeit beiseite stellen.

Zubereitung:

In einer grossen Bratpfanne das Erdnussöl erhitzen. Die vorbereiteten Kartoffeln sorgfältig ins heisse Öl gleiten lassen. Zugedeckt während ca. 10 Minuten auf mittlerer Hitze knapp weichdämpfen. Pfanne abdecken. Kartoffeln bei sehr guter Hitze unter häufigem Wenden goldbraun braten. Kartoffeln mit Drahtkelle herausnehmen, gut abtropfen lassen und auf einer heissen Platte anrichten. Mit wenig Salz bestreuen und möglichst rasch auftragen.

Tip: Damit vom Backöl soviel wie möglich zurückbleibt, die Platte mit einem Tortenpapier oder einer Papierserviette belegen.

Variante: Anstelle von rohen Kartoffeln können auch einmal Schalenkartoffeln verwendet werden.

Bratkartoffeln schmecken zu gratinierten Gemüsen, kurz gebratenem oder gegrilltem Fleisch, zu Spiegeleiern oder auch nur mit frischem Salat.

Kartoffeln nach Lyonerart

Zutaten:

600	g	kleine, feste Kartoffeln
	wenig	Wasser
1	Teelöffel	Salz
3	Esslöffel	eingesottene Butter
		Salz nach Bedarf
		schwarzer Pfeffer aus der Mühle
1–2		Zwiebeln oder Schalotten
		Petersilie

Vorbereiten:

- Die Kartoffeln unter fliessendem Wasser kräftig abbürsten und in wenig Salzwasser weichdämpfen.
- Zwiebeln oder Schalotten schälen, in Streifen schneiden.
- Petersilie waschen, trockenschwenken, feinhacken und in einer kleinen Schüssel zugedeckt beiseite stellen.

▷

Zubereitung:

Die gedämpften Schalenkartoffeln schälen und in 2–3 mm breite Scheiben schneiden. In einer grossen Bratpfanne die eingesottene Butter erhitzen. Die Kartoffeln sorgfältig hineingleiten lassen, mit Salz und Pfeffer würzen. Unter gelegentlichem Wenden ca. 10 Minuten braten.
Inzwischen in einer zweiten Pfanne wenig eingesottene Butter erwärmen und die Zwiebeln oder Schalotten darin glasigdämpfen. Zu den Kartoffelscheiben geben und unter häufigem Wenden goldbraun braten.
Die Kartoffeln auf eine vorgewärmte Platte anrichten und mit feingehackter Petersilie bestreuen.
Die Lyonerkartoffeln passen sehr gut zu Leberschnitten, kurz gebratenem oder gegrilltem Fleisch oder Braten.

Kartoffelküchlein «Annemarie»

Kartoffelküchlein einmal auf andere Art zubereitet: aus rohen, fein geraffelten Kartoffeln, mit frischem Ei bereichert, pikant gewürzt und in Butter saftig gebraten.
Diese Küchlein – meine Kollegin Annemarie hat mir dazu ihr Rezept verraten – passen sehr gut als Beilage zu gebratenem oder grilliertem Fleisch, zu Gemüsen und Salat.

Zutaten:

500	g	grosse, feste Kartoffeln
2	kleine	Eier
		Salz nach Bedarf
		Muskatnuss, frisch gerieben
		schwarzer Pfeffer aus der Mühle
	wenig	Cayenne-Pfeffer
2	Esslöffel	eingesottene Butter

Vorbereiten:

- Kartoffeln unter fliessendem Wasser abbürsten, schälen, trocknen und mit einer Bircherraffel feinreiben. Auf ein Tuch legen und für kurze Zeit zugedeckt liegen lassen.
- Die Eier verquirlen, pikant würzen.

Zubereitung:

Die eingesottene Butter in einer grossen Bratpfanne erhitzen. Die feingeriebenen Kartoffeln leicht ausdrücken, den gewürzten Eiern zugeben, mischen und davon esslöffelgrosse Mengen in die heisse Butter gleiten lassen. Mit der Bratschaufel kleine Küchlein formen.
Die Küchlein auf guter Mittelhitze goldbraun braten. Herausnehmen, abtropfen lassen, auf einer vorgewärmten Platte anrichten und sofort servieren.

Rösti

Das ist die typisch schweizerische Art, Bratkartoffeln zuzubereiten. Die Rösti wird bei uns meistens zu Fleischgerichten mit Sauce – mit Vorliebe zu geschnetzeltem Kalbfleisch nach Zürcherart – serviert. Je nach Gegend wird das Grundrezept mit Speckwürfeln, Emmentaler Käse, Zwiebelringen, Kümmel, Rosmarin und anderem mehr bereichert.

Zutaten für eine «klassische» Rösti:

750 g	Schalenkartoffeln, am Vortag gedämpft
	Salz
3–4 Esslöffel	eingesottene Butter

Vorbereiten:

- Die Schalenkartoffeln schälen, an der Röstiraffel reiben oder von Hand feine Scheiben schneiden. Lagenweise wenig Salz dazwischenstreuen.

Zubereitung:

Die eingesottene Butter in der Brat- oder Teflonpfanne leicht erhitzen. Die Kartoffelstäbchen zugeben und sorgfältig unter mehrmaligem Wenden mit der Bratschaufel etwa eine halbe Stunde sanft braten.
Gegen den Schluss der Bratzeit die Kartoffeln vom Pfannenrand her zu einem Kuchen zusammenschieben, und so lange weiterbraten, bis eine goldbraune Kruste entsteht. Die Rösti durch leichtes Schütteln oder mit der Bratschaufel vom Pfannenboden lösen und auf eine heisse, flache Platte stürzen. Sofort servieren.

Rösti nach Zürcherart

In einer Zürcher Rösti wird eine grosse, feingehackte Zwiebel oder Schalotte mitgebraten. Kurz vor dem Anrichten wird die Rösti mit Kümmel nach Belieben gewürzt.

Rösti aus rohen Kartoffeln

Zutaten:

750 g	grosse, feste Kartoffeln
3–4 Esslöffel	eingesottene Butter
	Salz
	schwarzer Pfeffer aus der Mühle

Zubereitung:

Die Kartoffeln unter fliessendem Wasser abbürsten, schälen, abspülen, trocknen und mit der Röstiraffel in feine Stäbchen reiben.
Die eingesottene Butter in der Brat- oder Teflonpfanne leicht erhitzen. Die Kartoffelstäbchen zufügen, würzen und mehrmals sorgfältig wenden. Die Hitze etwas reduzieren und die Kartoffeln zugedeckt ca. 20 Minuten braten, dabei einige Male wenden. Bei guter Mittelhitze ungedeckt goldbraun braten.
Auch diese Rösti kann am Ende der Bratzeit zu einem Kuchen geformt werden.

Spanische Kartoffelomelette

(Tortilla a la española)

Tortillas sind ursprünglich dünnfladige Brote aus Maismehl. In Spanien nennt man aber auch Eierkuchen, die meistens mit Kartoffeln und Zwiebeln bereichert sind, Tortillas.

Zutaten:

600	g	kleine, feste Kartoffeln
2	kleine	Zwiebeln oder Schalotten
4	Esslöffel	Erdnussöl
		Salz
		weisser Pfeffer aus der Mühle
4		Eier
		Salz
		Muskatnuss, frisch gerieben
	wenig	Cayenne-Pfeffer
		edelsüsses Paprikapulver
4	Esslöffel	Milch oder Rahm

Vorbereiten:

- Die Kartoffeln unter fliessendem Wasser abbürsten, schälen, abspülen, trocknen, in 1 cm grosse Würfel oder in 3 mm breite Scheiben schneiden. Zugedeckt beiseite stellen.
- Zwiebeln oder Schalotten schälen, in feine Ringe schneiden oder feinhacken.
- Eier verquirlen, würzen nach Geschmack, Milch oder Rahm zugiessen und alles gut verrühren.

Zubereitung:

In einer Omelettenpfanne das Öl heiss werden lassen. Kartoffeln, Zwiebeln oder Schalotten mit dem Gewürz hineingeben, unter sorgfältigem Wenden goldbraun anbraten. Sobald die Kartoffeln knapp weich sind, sie ohne das Öl unter die gewürzte Eiermilch mischen. Das Ganze wieder zu dem restlichen Öl in die Pfanne geben. Die Eiermilch leicht gerinnen lassen.
Die Tortilla kann man mit Hilfe des Pfannendeckels wenden und auch unten gelb werden lassen. Sie soll beim Servieren innen noch feucht sein.
Zur Abwechslung können der Tortilla auch Zutaten wie Erbsen, Oliven, kleine Peperoni-, Tomaten- oder Schinkenwürfel zugegeben werden.

Dazu passt: ein Mischsalat aus Endivie, rotem Cicorino und Brüsseler.

Kümmelkartoffeln

Gebackene Schalenkartoffeln sind besonders kräftig, schmackhaft und gesund. Sie passen vorzüglich zu gebratenem Fleisch wie Roastbeef, zarten Gemüsen und gemischten Salaten.

Zutaten:

600	g	*neue,* kleine Kartoffeln
2	Esslöffel	Erdnussöl
		Kümmel
		Salz
		Für das Backblech: Pergament- oder Blechreinpapier

Vorbereiten:

- Die Kartoffeln unter fliessendem Wasser kräftig bürsten, mit Haushaltpapier trocknen, eventuell in flache Hälften schneiden.
- Blechrücken mit Pergament- oder Blechreinpapier belegen.
- Ofen vorheizen auf 200 Grad während 15 Minuten.

Zubereitung:

Die Kartoffeln mit Hilfe eines feinen Pinsels rundherum mit Öl bestreichen. Auf den vorbereiteten Blechrücken legen, mit Kümmel und Salz bestreuen.
In den vorgeheizten Ofen auf die zweitunterste Rille einschieben und während etwa 30 Minuten knusprig backen. Auf eine heisse Platte anrichten. Sofort servieren.

Kartoffeln nach Savoyerart

Zutaten:

600–700	g	kleine, feste Kartoffeln
¼	l	Bouillon, heiss
	wenig	Butter
		Salz
		weisser Pfeffer aus der Mühle
40	g	Greyerzer oder Parmesankäse, frisch und feingerieben
	wenig	Butter, flüssig

Zubereitung:

Die Kartoffeln unter fliessendem Wasser bürsten, schälen, abspülen, in 2 mm breite Scheiben schneiden, in eine Auflaufform einordnen und mit der Bouillon begiessen. Die Butter erwärmen und die Oberfläche der Kartoffeln damit bestreichen. Mit Salz und Pfeffer würzen. In den vorgeheizten Backofen (200 Grad während 15 Minuten) auf die unterste Rille einschieben, etwa 25 Minuten dämpfen. Den Käse darüberstreuen. Die Form oben in den Backofen schieben, die Kartoffeln weitere 5 Minuten überbacken. Vor dem Servieren nochmals mit flüssiger Butter bepinseln.
Dieser leichte Kartoffelgratin passt zu kurz gebratenem Fleisch wie Hackbeefsteaks (Frikadellen) und zu gemischten Salaten.

Gratin dauphinois

Gratin dauphinois – mit oder ohne Käse – das ist die altbekannte Streitfrage. Selbst Fachleute sind sich da nicht einig. In seiner ursprünglichen Heimat, in der Gegend von Grenoble, wird er mit Rahm oder mit Milch und Rahm und einer Spur Knoblauch zubereitet.

Hier möchte ich mein Rezept verraten:

Zutaten:

800	g	kleine, feste Kartoffeln
2	kleine	Knoblauchzehen
4	dl	Milch
2	dl	Doppelrahm
		Salz
		Muskatnuss, frisch gerieben
		weisser Pfeffer aus der Mühle
	wenig	Cayenne-Pfeffer
40	g	Butter

Vorbereiten:

- Die Kartoffeln unter fliessendem Wasser abbürsten, schälen, in Scheiben von 3 mm Breite schneiden. Nicht mehr abspülen.
- Die Knoblauchzehen schälen, feinhacken, zu den Kartoffelscheiben geben und von Hand mischen. Zugedeckt beiseite stellen.
- Die Gratinform mit reichlich Butter einfetten.

Zubereitung:

Die Milch mit den Kartoffelscheiben in eine kalt ausgespülte Pfanne geben. Die Kartoffeln sollen von der Milch bedeckt sein. Salz und Gewürze zufügen und sorgfältig mischen. Alles zusammen aufkochen und während 5 Minuten sanft weiterkochen lassen, bis die Milch mit der Kartoffelstärke gebunden ist.
Die eine Hälfte des Doppelrahmes zugiessen, mischen, mit wenig Fleischextrakt abschmecken.
Den restlichen Doppelrahm zufügen und alle Zutaten noch einmal gut durchmischen. In die eingefettete Gratinform verteilen. Mit Butterflöckchen belegen und backen.

Backen: Ofen vorheizen auf 160 Grad während 10 Minuten. Gratinform auf unterste Rille einschieben. Backzeit: ca. 1½ Stunden.

Wichtig: Die Oberfläche des Kartoffelgratins muss leicht bräunlich, darf jedoch nicht hart sein.

Kartoffelkuchen

Zutaten für ein Kuchenblech von 28 cm Ø:

300	g	gekaufter Kuchenteig oder hausgemachter Teig von:
150	g	Mehl
¾	Teelöffel	Salz
75	g	Margarine
3–4	Esslöffel	Wasser

Belag:

600	g	Schalenkartoffeln, am Vortag gedämpft
2		Eigelb, verquirlt
		Salz
		Muskatnuss, frisch gerieben
75	g	Greyerzer Käse
2	dl	Halb- oder Vollrahm
10	g	Butter
1	kleine	Zwiebel oder Schalotte
½	Bund	frischer Kerbel oder Majoran
2		Eiweiss
25	g	Greyerzer Käse
		Butterflöckchen

Für das Kuchenblech:
Butter oder Margarine

Vorbereiten:

- Geriebenen Teig zubereiten: Mehl, Salz und Margarine von Hand feinreiben, Wasser in die Vertiefung geben, zu einem weichen Teig zusammenfügen und mindestens für ½ Stunde an der Kälte ruhen lassen.
- Kuchenblech einfetten.
- Schalenkartoffeln schälen, mit der Bircherraffel in eine Schüssel reiben.
- Greyerzer Käse feinreiben.
- Zwiebel oder Schalotte schälen, zusammen mit dem Kerbel oder Majoran feinhacken und in der erwärmten Butter andämpfen.
- Eiweiss mit 2 Prisen Salz zu sehr steifem Schnee schlagen.

Zubereitung:

Den Kuchenteig messerrückendick auswallen, das gefettete Blech damit belegen. Den Teigboden mit der Gabel mehrere Male einstechen; Teigrand verzieren.
Eigelb, Salz und Muskatnuss, Greyerzer Käse, Rahm, gedämpfte Zwiebel oder Schalotte und Kräuter den Kartoffeln zufügen, mischen. Die Masse soll feucht, aber nicht zu dünn sein. Den Eischnee locker darunterziehen.
Die Masse auf den Teigboden verteilen, mit geriebenem Käse und Butterflöckchen belegen, backen.

Backen: Ofen vorheizen auf 250–300 Grad während 15 Minuten. Kuchenblech auf unterste Rille einschieben. Backzeit: ca. 25–30 Minuten.

Kartoffelbrot

Zutaten:

500	g	Ruchmehl
2	Teelöffel	Salz
20	g	Hefe
2	dl	Milch
1	dl	Wasser
300	g	Schalenkartoffeln, am Vortag gedämpft
½	Teelöffel	Salz
1	Esslöffel	Kümmel
	wenig	Ruchmehl

Vorbereiten:

- Das Ruchmehl in eine Schüssel sieben, Salz zufügen.
- Hefe mit Milch / Wasser anrühren und mit dem Mehl vermengen. Von Hand oder mit dem Mixer (Knethaken) kurz durchkneten, an der Wärme um das Doppelte aufgehen lassen. Eventuell in den lauwarmen Ofen stellen, mit einem feuchten Tuch zudecken.
- Die Schalenkartoffeln schälen, mit der Röstiraffel in feine Stäbchen reiben.

Zubereitung:

Den aufgegangenen Teig auf einer bemehlten Arbeitsfläche ca. 3 cm dick, rund auswallen.
Kartoffelstäbchen, Salz und Kümmel daraufstreuen, nochmals von Hand gut durchkneten.
Aus dem Teig 1 oder 2 runde oder längliche Brote formen, mit dem Messer gitterartig einschneiden, mit wenig Ruchmehl bestäuben und auf dem Blech nochmals während 20–30 Minuten aufgehen lassen.
Damit das Brot in Form bleibt, während des Vorheizens an die Kälte stellen.

Backen: Ofen vorheizen auf 200 Grad während 15 Minuten. Blech auf zweitunterste Rille einschieben. Backzeit: ca. 50 Minuten.

Backprobe: Brot vom Blech lösen, umdrehen, mit den Fingern auf den Brotboden klopfen: tönt es hohl, ist das Brot gut gebacken.

Kartoffelbrot kann in grossen Mengen zubereitet werden, da es sich sehr gut tiefkühlen lässt.

Zitronenkartoffeln

Dieses Rezept ist keine eigene Kreation. – Die Zitronenkartoffeln sind überaus köstlich; sie werden als aparte Beilage zu grilliertem Fleisch und Lamm gereicht.

Zutaten:

600	g	kleine, feste Kartoffeln
	wenig	Wasser
1	Teelöffel	Salz
2	Esslöffel	Olivenöl
		Salz
		weisser Pfeffer aus der Mühle
1–2		Zitronen
		Petersilie oder frische Pfefferminze

Vorbereiten:

- Zitronen weichdrücken, auspressen, sieben und zudecken.
- Petersilie oder Pfefferminze waschen, trockenschwenken, feinhacken, zugedeckt beiseite stellen.

Zubereitung:

Die Kartoffeln unter fliessendem Wasser abbürsten, dünn schälen, abspülen, der Länge nach vierteln und in wenig Salzwasser 5 Minuten vorkochen (blanchieren). Das Wasser abgiessen, die Kartoffelschnitze gut abtropfen lassen.
Ein Kuchenblech oder eine grosse Auflaufform mit Olivenöl bestreichen. Die Kartoffeln darauf gleichmässig verteilen, das restliche Olivenöl darüberträufeln. Mit wenig Salz und Pfeffer bestreuen.
In den vorgeheizten Backofen (220 Grad während 15 Minuten) auf die zweitunterste Rille einschieben und während 20–25 Minuten leicht goldgelb backen. Vor dem Servieren mit Zitronensaft begiessen und mit Petersilie oder Pfefferminze bestreuen.

Mein Tip: Wer es noch ausgefallener liebt, ersetze den Zitronensaft einmal durch den auserlesenen Saft der Limonen.

Kartoffeln in Aluminiumfolie

(Baked potatoes)

Kartoffeln in Aluminiumfolie verpackt, fast fettlos gebacken, passen als Beilage zu unzähligen Fleischgerichten.

Zutaten:

8	mittelgrosse, mehlige Kartoffeln
	Aluminiumfolie
wenig	Erdnussöl
	Salz
	schwarzer Pfeffer aus der Mühle
	Tafelbutter

Zubereitung:

Die Kartoffeln unter fliessendem Wasser kräftig bürsten. Mit einer Gabel mehrere Male einstechen. In entsprechend grosse, mit Öl bestrichene Folienstücke einpacken: die Kartoffeln auf die Folie legen, oben zusammenfalten, seitlich schliessen und glattstreichen.

Den Backofen auf 200 Grad während 15 Minuten vorwärmen. Kartoffeln auf Blech legen, auf die zweitunterste Rille einschieben und 40–50 Minuten backen.

Garprobe: Mit dünner Nadel durch die Folie stechen und prüfen, ob das Innere gar ist.

Zum Servieren die Kartoffeln kreuzweise durch die Folie einschneiden und das Kartoffelinnere sanft herausdrücken. Mit wenig Salz und Pfeffer bestreuen und mit Butterflöckchen belegen.

Variationen: Anstelle von Tafelbutter können Kräuterbutter, Kräuterquark oder Sauerrahm mit feingeschnittenem Schnittlauch vermischt, serviert werden.

Pommes frites

Zutaten:

1 kg	mittelgrosse, feste Kartoffeln
ca. 1 l	Erdnussöl
	Salz

Zubereitung:

Die Kartoffeln unter fliessendem Wasser bürsten, schälen, abspülen, mit einem Tuch abtrocknen, in 1 cm breite Scheiben schneiden und diese in fingerdicke Stengel teilen. Ein Pommes-frites-Schneider erleichtert die Arbeit.

Vorbacken: Das Öl im Brattopf oder in der Friteuse erhitzen (180 Grad). Jeweils ¼ der Kartoffelmenge nacheinander in das heisse Öl geben. Unter öfterem Aufschütteln hellgelb backen. Herausnehmen, auf Haushaltpapier abtropfen lassen und zum Erkalten auf einem Blech ausbreiten.

Fertigbacken: Kurz vor dem Servieren das Öl nochmals heiss werden lassen (200–220 Grad). Die Kartoffeln wieder portionenweise rasch goldgelb und knusprig backen, gut abtropfen lassen, mit Salz bestreuen und sofort servieren.

Soufflées-Kartoffeln

Soufflées-Kartoffeln gehören zu den deliziösen Kartoffelgerichten. Sie müssen mit grosser Sorgfalt zubereitet werden, damit sie so schön aufgehen, dass kleine Kissen entstehen.

Zutaten:

¾ kg	kleine, feste Kartoffeln
ca. 1 l	Erdnussöl
	Salz

Zubereitung:

Die Kartoffeln unter fliessendem Wasser abbürsten; so schälen, dass sie eine gleichmässige, ovale Form erhalten. Der Länge nach in 2–3 mm breite Scheiben schneiden. Im kalten Wasser abspülen, dann in einem Tuch gut trocknen.
Das Öl auf 180 Grad erhitzen. Jeweils ¼ der Kartoffelmenge einzeln nacheinander dazugeben. Dauernd bewegen, damit sie nicht zusammenkleben und gleichmässig vorgebacken werden. Herausheben, auf Haushaltpapier abtropfen lassen und zum Erkalten auf einem Blech ausbreiten.
Kurz vor dem Servieren das Öl nochmals erhitzen (200–220 Grad). Die Kartoffelscheiben portionenweise goldgelb backen und aufgehen lassen. Auf Haushaltpapier abtropfen lassen, salzen und sofort servieren.
Die Soufflées-Kartoffeln sind eine fabelhafte Beilage zu einem delikaten Fleischgericht.

Strohkartoffeln

Zutaten:

½ kg	mittelgrosse, feste Kartoffeln
ca. 1 l	Erdnussöl
	Salz

Zubereitung:

Die gewaschenen, geschälten Kartoffeln mit dem Messer oder Krauthobel in sehr dünne Scheiben schneiden, diese in zündholzdicke Stengelchen teilen, indem man mehrere Scheiben aufeinanderlegt. Im kalten Wasser spülen, dann in einem Tuch gut trocknen.
Weitere Zubereitung wie Pommes frites; Strohkartoffeln jedoch in einemmal ausbakken. Auf Haushaltpapier abtropfen lassen, salzen und sofort servieren.
Strohkartoffeln passen gut zu kurzgebratenem Fleisch.

Waffelkartoffeln

Zutaten:

¾ kg	mittelgrosse, feste Kartoffeln
ca. 1 l	Erdnussöl
	Salz

Zubereitung:

Die gewaschenen, geschälten Kartoffeln mit einem *Spezialhobel* in gitterartige Waffeln schneiden. In kaltem Wasser spülen, abtropfen lassen und in einem Tuch trocknen.
Die Kartoffeln einzeln nacheinander – damit sie nicht zusammenkleben – ins heisse Öl geben und so portionenweise goldgelb und knusprig backen.
Die Waffelkartoffeln auf Haushaltpapier abtropfen lassen, mit Salz bestreuen.
Heiss serviert: speziell zu kurz gebratenem Fleisch. Kalt serviert: zum Apéro.

Kartoffeln mit Karotten und Speck

Zutaten:

1	Esslöffel	Öl
150	g	Speck, mager
	kleine	Zwiebel oder Schalotte
½	Bund	Kerbel, frisch
500	g	Kartoffeln
500	g	Karotten
		Salz nach Bedarf
		weisser Pfeffer aus der Mühle
2	Prisen	Zucker
2	dl	Gemüse- oder Fleischbrühe, heiss
		Petersilie, frisch

Vorbereiten:

- Speck in ganz kleine Würfel schneiden.
- Zwiebel oder Schalotte schälen und zusammen mit dem Kerbel feinhacken.
- Kartoffeln und Karotten unter fliessendem Wasser abbürsten und schälen. Die Kartoffeln in 2 cm grosse Würfel, die Karotten in kleinere Stengel schneiden. Mit feuchtem Haushaltpapier zudecken und beiseite stellen.
- Petersilie feinhacken.

Zubereitung:

Das Öl warm werden lassen. Die Speckwürfel zugeben und glasigbraten. Zwiebel oder Schalotte und Kerbel beifügen, auf mittlerer Hitze andämpfen. Kartoffelwürfel, Karottenstengel, Salz, Pfeffer und Zucker zugeben, sorgfältig mischen. Unter öfterem Schütteln zugedeckt andämpfen, bis sich Geschmacksstoffe entwickeln und die Farben der Kartoffeln und Karotten kräftiger geworden sind.
Heisse Gemüse- oder Fleischbrühe zugeben, kurz aufkochen. Wenn nötig, noch Salz und Pfeffer beifügen.
Das Gericht auf kleiner Hitze weichdämpfen.

Dämpfzeit: 15–20 Minuten zugedeckt in der Pfanne, 3–4 Minuten im Dampfkochtopf.

Feingehackte Petersilie über das Gericht streuen.
Ein frischer, knackiger Blattsalat ergänzt dieses Eintopfgericht zu einer vollwertigen Mahlzeit.

Kartoffeln mit Lauch und Wurst

Zutaten:

1	Esslöffel	Öl
150	g	Wurst
500	g	Kartoffeln
500	g	Lauch
		Salz nach Bedarf
		schwarzer Pfeffer aus der Mühle
		Muskatnuss, frisch gerieben
2	dl	Gemüse- oder Fleischbrühe, heiss

Vorbereiten:

- Wurst in kleine Würfel schneiden.
- Kartoffeln unter fliessendem Wasser abbürsten, schälen, in 2 cm grosse Würfel schneiden.
- Lauch rüsten, der Länge nach halbieren, gut waschen, in 2 cm breite Streifen schneiden.
  Zusammen mit den Kartoffelwürfeln mit feuchtem Haushaltpapier zudecken und beiseite stellen.

Zubereitung:

Das Öl warm werden lassen. Die Wurstwürfel zugeben und auf mittlerer Hitze leicht anbraten.
Kartoffelwürfel, Lauchstreifen, Salz und Gewürze beigeben, sorgfältig mischen. Unter öfterem Schütteln zugedeckt andämpfen, bis sich Geschmacksstoffe entwickeln und die Farben der Kartoffeln und des Lauchs kräftiger geworden sind.
Heisse Gemüse- oder Fleischbrühe zugeben, kurz aufkochen.
Wenn nötig, noch Salz und Gewürze beifügen.
Das Gericht auf kleiner Hitze weichdämpfen.

Dämpfzeit: 20–30 Minuten zugedeckt in der Pfanne, 4–6 Minuten im Dampfkochtopf.
Gedämpfte Kartoffeln mit Lauch, ohne Wurstwürfel, schmecken auch vorzüglich zu Bratwürsten, Waadtländer Saucissons und Siedfleisch.

Irish Stew

Das Rezept des Irish Stew, dieser einzigartigen Mischung aus Lammfleisch, Kartoffeln und mehr oder weniger Kohl, nahmen die Iren mit in ihr Exil in der Neuen Welt. So wurde das irische Bauernessen weltweit populär.

Zutaten:

600	g	Lammfleisch von der Schulter, in 2 cm grosse Würfel geschnitten
		schwarzer Pfeffer aus der Mühle
	wenig	Currypulver
1	Esslöffel	Mehl
2–3	Esslöffel	Erdnussöl
2	kleinere	Zwiebeln oder Schalotten
3–6	Esslöffel	Weisswein
3	dl	Fleischbrühe, heiss
		Salz nach Bedarf
	einige	frische Majoranblättchen
1	Zweiglein	Rosmarin
500	g	kleine Kartoffeln
250	g	Grünkohl oder Chinakohl
1	kleiner	Lauchstengel
250	g	Karotten
100	g	Sellerie
		heisse Fleischbrühe und Gewürze nach Bedarf

Vorbereiten:

- Lammfleisch würzen und bemehlen.
- Zwiebeln oder Schalotten schälen und in feine Ringe schneiden.
- Kartoffeln und Gemüse waschen, rüsten, in keinere Würfel, Streifen oder Stengel schneiden. Mit feuchtem Haushaltpapier zudecken und beiseite stellen.

Zubereitung:

Das Öl im Brattopf erhitzen, die mit den Gewürzen und Mehl bestreuten Lammstükke darin leicht anbraten.
Die Zwiebel- oder Schalottenringe zugeben und kurz mitdämpfen, aus dem Topf nehmen und restliches Öl weggiessen. Den Fond mit dem Weisswein ablöschen, etwas einkochen lassen und die heisse Fleischbrühe dazugiessen. Mit Salz und frischen Kräutern nach Bedarf würzen, die Lammstücke mit den Zwiebel- oder Schalottenringen in den Jus legen und auf kleiner Hitze sanft schmoren lassen.
Nach ca. 1 Stunde die Kartoffeln und das Gemüse beigeben, sorgfältig mischen und das Gericht während ca. 30 Minuten weichschmoren. Wenn nötig, heisse Fleischbrühe und Gewürze begeben.

Pikanter Kartoffelgratin

Zutaten:

500	g	Schweinefleisch vom Stotzen, in gut 1 cm grosse Würfel geschnitten
		schwarzer Pfeffer aus der Mühle
		frische Rosmarinnadeln
1	Esslöffel	Mehl
2–3	Esslöffel	Erdnussöl
½	dl	Weisswein
½	dl	Fleischbrühe, heiss
100	g	Speck, mager
2	kleine	Zwiebeln oder Schalotten
2	kleine	Knoblauchzehen
500	g	kleine Kartoffeln
1		mittelgrosser Lauchstengel
1	grosse	gelbe oder grüne Paprikaschote
4	kleine	Tomaten
		Salz nach Bedarf
		Muskatnuss, frisch gerieben
		Thymian, frisch oder getrocknet
		Butterflöckchen
1	Becher	Sauerhalbrahm
		Salz nach Bedarf
		schwarzer Pfeffer aus der Mühle
		edelsüsses Paprikapulver
2	Esslöffel	Parmesan, gerieben
2	Esslöffel	Paniermehl (Semmelbrösel)
		Butterflöckchen
		Für die Gratinform: Butter oder Margarine

Vorbereiten:

- Schweinefleisch würzen und bemehlen.
- Speck in kleine Würfel schneiden.
- Zwiebeln oder Schalotten und Knoblauchzehen schälen und feinhacken.
- Kartoffeln unter fliessendem Wasser abbürsten, schälen, in Scheiben schneiden.
- Lauchstengel und Paprikaschote rüsten, der Länge nach halbieren, gut waschen, in feine Streifen schneiden.
- Tomaten waschen, abtrocknen, Stielansätze entfernen, in Scheiben schneiden. Zusammen mit den Kartoffeln und den übrigen Gemüsen mit feuchtem Haushaltpapier zudecken und beiseite stellen.
- Gratinform einfetten.

Zubereitung:

Das Öl im Brattopf erhitzen, die mit den Gewürzen und dem Mehl bestreuten Fleischwürfel darin leicht anbraten, aus dem Topf nehmen und restliches Öl weggiessen. Den Fond mit Weisswein und heisser Fleischbrühe ablöschen, etwas einkochen lassen, in einer Tasse beiseite stellen.

Im Brattopf eventuell nochmals wenig Öl erhitzen, Speckwürfel zugeben und glasigbraten. Zwiebeln oder Schalotten und Knoblauch beifügen und auf mittlerer Hitze andämpfen. Kartoffelscheiben, Lauch- und Peperonistreifen, Salz, Muskatnuss und Thymian zugeben, mischen. Unter öfterem Schütteln zugedeckt andämpfen, bis sich Geschmacksstoffe entwickeln und die Farben der Kartoffeln und Gemüse kräftiger geworden sind. Die Hälfte davon in die eingefettete Gratinform geben. Tomatenscheiben und Fleischwürfel darauf verteilen und mit den restlichen Kartoffeln und Gemüsen bedek-

Fortsetzung Seite 64

ken. Den Jus darübergiessen. Jede Lage nach Bedarf würzen.
Butterflöckchen daraufsetzen. Die Form zugedeckt für 1 Stunde in den vorgeheizten Ofen (bei 220 Grad während 15 Minuten) schieben.

Inzwischen den Sauerhalbrahm verrühren, nach Bedarf würzen und über den Gratin giessen. Mit dem Käse und Paniermehl (Semmelbrösel) bestreuen, mit Butterflöckchen besetzen. Den Gratin ohne Deckel weitere 15 Minuten überbacken.

Himmel und Erde

(Schnitz und Drunder)

Zutaten:

200	g	süsse, gedörrte Apfelschnitze mit Schale
		Wasser, lauwarm
2	Esslöffel	Zucker
1	Stück	Butter
2	dl	Einweichwasser
		Salz nach Bedarf
		schwarzer Pfeffer aus der Mühle
	eventuell	Fleischextrakt
300	g	geräucherter, magerer Speck
600	g	Kartoffeln

Vorbereiten:

- Apfelschnitze in Schüssel geben. Mit lauwarmem Wasser bedecken und mindestens zwei Stunden einweichen.
- Speck in 8 gleich grosse Stücke schneiden.

Zubereitung:

Zucker in Chromstahl- oder Gusseisenpfanne auf guter Mittelhitze schmelzen und ohne zu rühren hellbraun rösten. Die eingeweichten Apfelschnitze ausdrücken und zusammen mit der Butter beigeben, sorgfältig mischen. Mit dem Einweichwasser ablöschen. Nach Bedarf würzen. Die Speckstücke unten in die Pfanne legen. Mit kleiner Hitze zugedeckt knapp weichkochen. Kochzeit: ca. 1 Stunde in der Pfanne, ca. 12 Minuten im Dampfkochtopf.
Inzwischen die Kartoffeln unter laufendem Wasser abbürsten, schälen und in 2 cm grosse Würfel schneiden.
Nach einer Stunde die Kartoffelwürfel zugeben, mischen und das Gericht während 20 Minuten, im Dampfkochtopf 4 Minuten, sanft weiterschmoren.
Die Flüssigkeit soll am Schluss sämig dick sein.